JN410640

붕어에게 죄를 묻다

시인 전영모

도서출판 조은

3집, 책을 내면서

"시를 쓴다는 것
참으로 고달픈 길이다"

마음을 비우지 않는다면 시심(詩心)은 우러나지 않는다.

육십여 년 동안 땅속 깊이 사장되어 있던 것을 파고 또 파도 형체만 흐릿하게 보일 뿐 몸통의 실체를 찾기 어렵다. 그러나 힘이 다하는 날까지 파고 또 파들어 혼은 찾지 못하더라도 몸통이라도 찾으련다.

천년 동안 살아온 나무의 쓸모 있음과 없음을 판단하듯 도심에서 하늘을 보는 것과 농촌이나 산에서 하늘을 보는 것의 느낌이 다르듯 한 달에 시 한편 쓴다는 마음과 평생에 좋은 시 한편 남긴다는 마음으로 정진할 것이다.

별을 보며 눈을 부스스 비비고 첫차에 몸을 싣고 출근하여 별을 보며 퇴근하는 사람들이 꿈을 하나하나 이루어 나가듯 창작에 끈기와 노력만이 시의 완성에 성공할 것이라 믿는다.

얼기설기 얽히어 풀어지지 않던 복잡한 마음과 머리 아름답게 일깨워 주고 여기에 이르기까지 이끌어 주신 이지엽 교수님의 지도와 유자효, 마경덕 선생님, 그리고 문우들의 도움에 고마움을 전하고 출판을 맡아 주신 도서출판 조은 김화인 사장님께도 감사합니다.

더욱더 노력하는 자세로 임하겠습니다.

2012년 봄

contents.......

3집, 책을 내면서 / 5

제1부 **봄을 먹고 있네… 11**

봄을 먹고 있네 • 12
봄 • 13
장밋빛 꿈 부서지다 • 14
봄비 내리던 밤 • 15
섬진강의 봄 • 16
봄꽃들 • 17
잃었던 꿈 • 18
개구리들의 대향연 • 19
새들의 대화 • 20
답답한 마음 • 21
봄소식 • 22
고로쇠 • 23
힘 • 24
질긴 운명 • 25
살아 있다는 것은 • 26
별을 보며 사는 사람들 • 27
윷놀이 • 28
허세 • 29
숨바꼭질 • 30
일요일 아침 • 31
홍시 • 32
가야 한다더니 • 33

제2부 수산물 시장에서… 35

수산물 시장에서 • 36
수련 공원 • 37
까치 머리가 벗겨진 이유 • 38
해당화 • 39
오징어 회 • 40
6월의 캔버스 • 41
반포대교의 야경 • 42
병든 우산 • 43
빈자리 • 44
개여울 • 45
옥상 파티 • 46
들꽃 • 47
보리밥 • 48
붕어에게 죄를 묻다 • 49
주문진 어시장 • 50
전신주 • 51
누구였을까 • 52
새 • 53
그림자 • 54
거울 • 55
브래지어가 없다 • 56
어려울 때마다 • 58

제3부 가을 황금나무··· 59

가을 황금나무 • 60
가을 • 61
가을의 문턱 • 62
송편 • 63
단풍을 보며 • 64
입동 • 65
산수유 • 66
낙엽 • 67
물수제비 • 68
한판 승부 • 69
해산 • 70
늙은 농부 • 71
세탁기 • 72
하얀 밤 • 73
가족 • 74
대한인데 • 75
바람 • 76
상생 • 77
애장 • 78
불면증 • 79
어머니와 메주 • 80

제4부 풍선인형… 81

풍선인형 • 82
어느 겨울 오후 • 84
서둘렀지만 • 85
매생이와 톳 • 86
기축 년을 보내며 • 87
도둑 맞은 봄 • 88
신묘 년을 맞으며 • 89
구제역 • 90
김장 • 91
옛집 • 92
산다는 것이 다 그런거지 • 93
오늘 • 94
물러나라하네 • 95
병상에서 • 96
파지 • 97
커피 • 98
중환자실 • 99
한 사람이 있었고 또 한 사람이 있다 • 100
낙산에서 • 101
봄날의 장충단 풍경 • 102

– 제1부 –

봄을 먹고 있네

봄을 먹고 있네 • 12

봄 • 13

장밋빛 꿈 부서지다 • 14

봄비 내리던 밤 • 15

섬진강의 봄 • 16

봄꽃들 • 17

잃었던 꿈 • 18

개구리들의 대향연 • 19

새들의 대화 • 20

답답한 마음 • 21

봄소식 • 22

고로쇠 • 23

힘 • 24

질긴 운명 • 25

살아 있다는 것은 • 26

별을 보며 사는 사람들 • 27

윷놀이 • 28

허세 • 29

숨바꼭질 • 30

일요일 아침 • 31

홍시 • 32

가야 한다더니 • 33

봄을 먹고 있네

개구리가 잠에서 깨어난다는 경칩일
홍성군 용봉산 산행을 마치고
서울로 올라오는 길 차창 밖을 내다보니
예산군 하음리 마을

밭두렁에서 봄을 먹고 있는 흑염소 한 마리
새끼를 몇 번이나 낳았는지 많이 늙어 보인다
앞으로 몇 차례나 새끼를 더 낳을지
언제쯤 풀을 뜯는 입을 다물게 될지
그런 것을 왜 걱정하느냐는 듯
천진스레 눈을 동그랗게 뜨고
따스한 봄의 새싹을 뜯고 있다

아직 겨울을 벗지 못한 "나"
이제 달려 가야할 길을 거의 달려왔다
모든 짐 훨훨 벗어 던지고
평안한 마음으로 싱그러운 봄을 맞는
저 흑염소와 같이
남은 삶을 즐기며 살련다.

봄

봄을 찾으려한다
칙칙하고 어두운 겨울옷들
세탁기에 가득 넣고 겨울을 씻어낸다
오후에는 옥상 의자에 앉아 남산을 바라보며
겨우내 어두운 방에 묵혀 두었던
시 창작 강의록을 들고 읽다가 졸고 있다

봄이 다가와
무엇하고 있느냐며 질책 한다
깜짝 놀라 눈을 뜨고 보니
앞에 있는 화분에서 하늘을 찌르려는 듯 노란새싹
따스한 봄을 같이 즐기자며 생긋 웃는다.

장밋빛 꿈 부서지다

적막의 세계
고요의 세계
낮에 있었던 기억들을 잠재우고
장밋빛 세계를 꿈꾸는 밤을 가지려한다

차량들의 소음과 불빛 건설장비의 굉음
콘크리트 숲속의 눈들 하나 둘 모두 잠들고
어스름한 골목길 가로등만이 쓸쓸해 보이는 밤
별만이 눈 뜬 채 긴긴밤을 지새우려한다

달빛이 창문 넘어 방안을 더듬으며
단잠을 깨우니 장밋빛 꿈은 산산이 부서진다
이 밤도 삶의 궤도를 이끄는 올빼미와 두더지들
무슨 꿈꾸며 일하고 있을까

달빛과 초롱초롱한 별들을 벗 삼아
컴퓨터 자판을 두드려 보지만 시상이 떠오르지 않아
한 줄의 문장도 완성하지 못했다
올빼미가 밤새 먹이를 잡지 못하듯
장밋빛 꿈을 이루지 못한 밤
지새는달을 보니 먼동이 트는 것 같다.

봄비 내리던 밤

칠흑 같은 밤
봄비답지 않게 주룩 주룩 내린다
구성진 소리 들으며 봄 처녀 오겠지

멀리 있어도 가까이 들리는 듯
그대 목소리 귓전에 울리는 것 같아
내가 그대 곁으로 닥아 간 것 같네
빗소리 들으며 까만 밤을 새하얗게 불을 밝힌다

생각지 않으려 해도
그대 모습이 자꾸 눈앞에 아른거려
사색에 젖어드는 그리움과 외로움
따스한 커피 한잔 추켜들고
엄습해오는 고독을 삼켜보지만
시간이 흐를수록 더욱 깊어만 가네
이 밤 지새우고 나면 모두 허상일 것을.

섬진강의 봄

제주해협 건너온
봄의 전령
꽃샘추위에 멈추어 쉬고 있다

강변 좌, 우, 산 중턱까지
하얀 눈꽃의 매화가 흐드러지게 피어 있고
가끔은 홍매화와 산수유가
끼어들어 같이 놀자한다

어린 찻잎에 내려앉은 햇살
출렁이는 강물
강가의 조약돌은 사각사각
모래는 은빛 부채 살 펴놓은 것 같고
강 건너 배 한척 조용히 일렁이는 모습
숙련된 무희의 강렬하고 잔잔한 춤을 보는 듯

잘 비틀어 꼬아 놓은 동매처럼
재첩 잡고
찻잎 따고
매실, 산수유 농사지으며
대대로 삶을 이어 내려온 곳

그 강에 봄이 깃들었네.

봄꽃들

아직도 한풍(寒風)이 매섭지만
잃었던 희망이 찾아오는 것 같다
잎이 피기도 전 성급하게 꽃망울을 맺더니
어느 순간 약속이나 한 것처럼 활짝 웃음 머금은
매화, 진달래, 개나리, 산수유

여름 오기 전 거의 비슷한 시기에 꽃이 진다
앙상한 꽃 대궁엔 꽃술만 남은 것이
쓸모없는 모필(毛筆)과 같다
벌, 나비들이 찾아 왔다가 아쉬운 듯 맴돌다 돌아가고
꽃구경 나들이 나왔던 연인들
아쉬워하며 무거운 발길 돌린다
씨앗을 남기고 떠나니
내년엔 더욱 화려한 꽃 피겠지.

잃었던 꿈

공부를 하려해도 할 수 없었던 가난
공책도 연필도 없이
마당공부를 시작했다
땅에 상처가 생긴다
비가 오면 상처는 말끔히 치료되지만
비 개면 다시 원하던 꿈을 그려 보곤 했다

육십여 년 동안 깊은 벽 속에 갇혔던 꿈
칠순이 되어서야 광화문 분수처럼 솟구쳐 오른다
그러나 워낙 단단한 벽
허물고 또 허물어도 빛은 보이지 않는다

이러다 가을 낙엽처럼 될까 걱정이다
기왕 시작하였으니
잃었던 그 꿈 이루어질 때까지 노력 하겠다.

개구리들의 대향연

고향 반계 천 농수로 둑을 걷고 있다
노란 민들레꽃 유채꽃 환하게 함박웃음
바람에 살랑살랑
개울물은 졸졸졸
무논의 개구리들 개골개골
몇 백여 년 전 조상들이 부르던
테너, 소프라노, 가곡, 유행가
혼성 합창하며 반겨준다

개울 건너 밭에는
뽀얀 솜털이 듬성듬성한
호박과 감자 새싹이 쏘옥 머리를 내밀고
왜 이쪽은 바라보지도 않느냐고 시샘하며
새로운 삶 위해 발버둥치며 하늘을 치받는다

무논에는 모내기 준비로 트랙터가 종횡무진
합창단원들 이리 몰리고 저리 쫓기고
허연 배를 하늘로 하고 나자빠진다

그래도
개구리들의 대향연은 계속된다.

새들의 대화

이른 봄
이름 모를 새 한 마리
등산객들을 찾아와 낮은 목소리로
조용히 하라 속삭인다
아직 집터도 못 잡고 짝도 만나지 못하였다고…

날아가던 새
까치를 만나더니
추운 겨울 어떻게 지냈으며
새 보금자리는 장만 했느냐고 묻자
까치는
너는 강남이라도 다녀왔느냐고 묻는다

대답 없이 날아가다가
아직은 차가운 계곡 웅덩이 물에
몸을 던져 겨우내 묵은 때를 씻어내는 새.

답답한 마음

창문을 여니
꽃향기 실은 남산의 시원한 봄바람이
방안으로 찾아 들어

방안에만 있지 말고 남산에 올라
봄내음 만끽하며 꽃구경하고
답답한 마음일랑 바람에 날려 보내라 한다

긴 투병생활에
지쳐버린 외로운 남자
좋은 꽃을 보고도 마음은
어두운 그림자에서 벗어나지 못한다.

봄소식

봄소식 멀지 않았는데
사람 사는 소식은 아직도 엄동설한
마른 나무와 풀숲에 비가 촉촉이 내린다

비 개인 공원에는
목욕을 한 나무와 풀들이 반겨준다
나뭇가지 끝 새싹 움틀 자리에도
솔잎에도 대롱대롱 매달린 물방울
햇살을 받으니 더욱 영롱한 빛이 난다

모필毛筆같은 목련 꽃봉오리
살포시 웃음 지으며 세상 엿보고
진달래도 봄을 맞이하려는 듯
가지마다 연두색으로 물들고 있다

공원의 나무들이 뿜어내는 신선한 공기
봄이 잡힐 듯 잡힐 듯 눈앞에 와 있네.

고로쇠

오늘 아침 고로쇠 채취 광경 방송
가슴 아팠다
내 염통에 구멍을 뚫고
피를 뽑아 가는 느낌 몸서리쳐진다

벌거벗은 나무를 안고 귀 기울여 봐라
겨울잠에서 깨어나 물 올리는 두레박소리
들릴 것이다
느낄 것이다

달콤한 밥상
목구멍으로 넘어가려는 먹이 빼앗고
기아로 몰아내고 있다

네 탓 내 탓할 것 없이 우리 모두 죄인.

힘

옥상의 화분 몇 개에
열무 씨를 심었더니

비둘기와 참새가 엿보고 있다가
잽싸게 내려와 흙을 파헤치고
씨앗을 골라 먹는다

물줄기를 쏘아 새들을 쫓고
그 위에 그물망을 씌웠더니
닷새 후 노란 새싹이
흙을 이고 세상구경 나온다

그 힘이 옥상 위의 하늘을
떠받치는 것을 이제 알았다.

질긴 운명

서울 성곽 돌 틈 민들레 한 포기
오늘은 3월 25일
계절을 속일 수 없다

옷자락을 파고 스며드는 꽃샘바람
눈보라 꽃샘추위도
모른다는 듯

강한 어머니들을
민들레 같은 여인이라 하였는데
지난겨울에도 얼어 죽지 않고
새싹을 틔웠는데
어제만 해도 보이지 않던
노란 꽃 한 송이 환하게 웃고 있다

질긴 운명의 민들레.

살아있다는 것은

소녀들은 무슨 꿈을 안고 있을까
무슨 비밀이 그렇게 많기에
누가 엿들을세라
고개 숙인 채 머리를 맞대고

소곤소곤 쑥덕쑥덕
깔깔대며 박장대소(拍掌大笑)
꿈 많고 웃음 많은 소녀들의 속삭임
언제까지 계속될 것인지

그러니 살아있다는 것은
소곤소곤 쑥덕쑥덕
그 비밀과 꿈이
우리를 궁금하게 하고 재미있게 하네.

별을 보며 사는 사람들

일등만을 바라면서 사는 세상인데

새벽
첫 버스나
첫 지하철을 타야만하는 사람들
일등을 언제나 면할까

별을 보고 출근하고
별을 보며 퇴근하는 사람들의 꿈

이등이어도 좋다한다

윷놀이

음력 정월 보름부터 이월 한식 전까지
아랫마을 윗마을 어른 아이 모두 모여
화합의 흥겨운 한마당

가락윷, 밤윷, 콩윷
손자 녀석은 짝을 잘 못 만나 세뱃돈 모두 잃고
손을 내밀며 응석 부린다
살살 약 올리며 줄듯 말듯 하는 할아버지

윗마을 팀이
도로 잡고 도로 볶고 모, 윷으로 달아나니
아랫마을 팀은 넋을 잃고 기분 나빠 막걸리 한 대접
윗마을 사람들은 기분 좋아 한 대접
어느새 막걸리 한 통 텅텅 비었네
너도 나도 흥에 겨워 덩실덩실 엉덩이 춤
올해는 풍년일세
덩더쿵 덩더쿵 신나는 윷놀이 한마당.

허 세

시장에 가서 조개를 사 왔다

삶아서 먹으려하니
입을 웅등그리고 벌리지 않으려는 놈이 있어
칼등으로 몇 번 쳐 깨뜨렸다
속이 부실하거나 비어 있는 놈이 허세를 부리고 있다
사회에도 허세만 부리는 사람들
해놓은 것 없이 국민의 혈세만 받아먹으면서
나라가 어떻고, 국민의 이름으로 심판 한다느니 하며
속이 비어 있는 조개와 같이
허세만 부리고 있는 정치꾼들.

숨바꼭질

창밖이 훤히 밝은 것 같아
잠을 깨어 시계를 보니 새벽 두시 반
요즈음 너무 예민해진 것 같다

달은 울음 머금은 표정을 하고
장마철이라 구름은 오락가락
잠깐사이 구름이 달을 삼켜 버리더니
앗! 뜨거워하며 다시 뱉는다

달은 울음 섞인 어조로
지구상의 곳곳을 환히 밝혀 주려했더니
구름이 나를 삼켰다 뱉았다 한다며
변화무쌍한 여름의 기상을 푸념한다

지금껏 그렇게 살아 왔지 않느냐
구름이 너를 피해 주거든
어느 곳에 무엇이 너를 반기는지
지구에 무슨 일이 일어나고 있는지 찾아봐라

달은 알았는지 모르는지 산 너머로 사라진다.

일요일 아침

어제 내리던 비는 밤사이 그쳤다
남산은 안개에 휩싸여 보이지 않더니
안개가 조금씩 부서지고 하늘엔 흰 구름 두둥실
옆집 옥상 안테나에 까치
뒷집 기와지붕 밑 참새 모두 일어나 큰소리
야! 이 게으름뱅이야 일어나 아침 인사 받으라고

매일 아침 새들의 아침 인사 소란스럽다
오늘은 차량 소음과 스피커소리는 들리지 않는다
참새 한 마리 벌써 아침먹이 물고와 야단법석
까치도 길 건너 아카시나무 위 둥지
새끼들을 불러내느라 소란스럽다

새들의 아침 인사 받으며
타워 호텔에 세워진 타워크레인을 걱정
이년 넘게 저 곳에 서 있었으니 얼마나 고생스러울까
주인의 걱정 저놈의 고생 누가 알아주랴

방충망을 열고 내다보니
이 게으름뱅이야 이제야 일어났느냐고 조롱하고
남산에서는 아침 체조 구령소리 힘차게 들린다.

홍시(감)

따사로운 봄볕을 받으며 꽃피고 열매 맺더니
푸른 잎 속에 꼭꼭 숨어
파아란 열매가 탱글탱글 여물어 간다

따가운 햇살을 피하지만
바람이 살랑살랑 잎을 들추니
틈사이로 살포시 내밀던 얼굴
볕에 얻어맞아 볼이 멍들기 시작 한다

늦가을 까치밥 하나 달랑 남겨두고
똑똑 무참히 전부 따버린다
조상들은 짐승과도 나눠먹는 아름다움이 있었다

나무를 벗어난 감
곶감도 되고 홍시도 된다
제상 차림에는 항상 제일 앞줄에 선다
옛적에는 흔하지 않아 먹고 싶어도 먹기 어려웠지만
그래도 어머니는
한겨울 벼 독에서 홍시 하나 꺼내 살짝 얼구었다가
늦은 밤 나에게만 주시곤 하였다.

가야 한다더니

누가 부르는가?

일손 놓으라하네

못 들었다하게 이 사람아
그 뜻 깨달으려면
10년은 넘게 걸릴 것이라 하게
자네 부인도 몸이 성치 않으니
연기할 수 없느냐고 해보게

아니야,
갈 사람은 가야지
힘없이 빙그레 웃던 친구 김낙원

2011년 10월 28일 부인 먼저 보내고
한 달 후
11월 27일 낙엽과 함께 훨훨 떠나
가야지가야지 하던 그 길로 갔네.

– 제2부 –

수산물시장에서

수산물 시장에서 • 36

수련 공원 • 37

까치 머리가 벗겨진 이유 • 38

해당화 • 39

오징어 회 • 40

6월의 캔버스 • 41

반포대교의 야경 • 42

병든 우산 • 43

빈자리 • 44

개여울 • 45

옥상 파티 • 46

들꽃 • 47

보리밥 • 48

붕어에게 죄를 묻다 • 49

주문진 어시장 • 50

전신주 • 51

누구였을까 • 52

새 • 53

그림자 • 54

거울 • 55

브래지어가 없다 • 56

어려울 때마다 • 58

수산물 시장에서

수족관속 숭어 한 마리
희뿌연 눈을 껌벅이며 행인들을 바라본다
며칠이나 지났는지 힘이 쇠진된 듯하다

힘이 팔팔해 보이는
우럭 한 마리 가리키니
눈 불뚝 깜짝 놀라 물속으로 숨어 버린다
눈이 살아있고 비늘 윤기 자르르 흐르는
싱싱한 숭어 한 마리 또 선택했다

눈을 크게 뜨고 잠수하던
우럭과 숭어
뜰채로 건져 놓으니 돌아가려 발버둥
회 뜨는 칼등에 머리를 맞고
팔딱거리다 숨을 거둔다

내 머리 속에서
생각의 지느러미를 펼치며
동해로 가고 있다.

수련 공원

관곡 수련공원에 수련을 보려고 찾았다
팔월 땡볕에 이마와 등줄기에는 땀이 주르륵
해갈하려 가지고 간 물병이 비어갈 무렵

세조9년 명나라 사신 강희맹이
남경 전당지에서 연꽃 씨를 들여와 재배했다는 관곡지
돌담장 너머로 고택과 연못이 보여
들어가 보려 했지만
출입문을 자물쇠가 물고 놓지 않네

아래쪽 수련공원
연꽃들이 빨리 오라 손짓하여 한 걸음에 달려가 보니
백련, 홍련, 가시연, 개연
정오쯤 피었다 저녁 때 오므라드는 잠자는 꽃 수련(睡蓮)
접시 모양의 꽃받침을 가진 노란 꽃의 물 양귀비

연잎 위에 청개구리 한 마리도 부처인양 앉아 있고
시든 줄기 끝 연밥 한 알 한 알 모두 득도한 고승으로 보이네
물내음 뿜어내는 연의 맑은 향에 취해본다

수련과 눈 맞추고 그 모습 카메라에 담아왔지만
향기는 가슴에 담아왔네.

까치 머리가 벗겨진 이유

구름 한 점 없는 청명한 아침
어느 새가 고추잠자리 맴돌고

구걸하는 사람도 부지런해야 아침을 얻는다 하였듯
남산의 까치 한 쌍
괘종시계 시간 알리듯 다섯 시만 되면
옆집 옥상 안테나에 앉아
새끼를 깨우느라 야단 법석

새끼에게 모범을 보이고
생존경쟁에서 살아남기 위해
시간 관리를 멋있게 하는 놈

삼복더위에 까치 머리가 벗겨진 이유
까마귀와 까치가 은하수 양쪽 끝 둑에 있는
견우성과 직녀성이 칠월칠석에 만날 수 있도록
오작교를 놓느라 머리가 벗겨졌다한다
더위를 피해 조조활동
기어이 새끼를 데리고 어디론가 날아간다

머리가 벗겨지도록 봉사하는 까치.

해당화

햇볕 따가운
신두리 해수욕장
은모래 백사장 짭쪼름한 갯바람에
피어난 분홍 꽃

사구(沙丘)가 생겨 뿌리를 드러내 놓고도
무거운 표정 한 번도 짓지 않고
잘난 체 나서지 않고 뜨거운 바닥을 기어간다

밤낮 파도치는 소리에 푸른 귀는 멍이 들고
허벅지는 물보라에 젖어 흥건하다
온몸에 매달린 가시는 유일한 무기
너를 함부로 꺾을 수 없구나
가시 끝에 매달린 물방울은 너의 눈물인 듯 영롱하다

언젠가 그녀와 함께 걷던
칠월의 백사장에 활짝 피어 있다.

오징어 회

횟집 안으로 발을 들여 놓으려다
문 밖에 있는 수족관에 눈길이 끌려 들여다보니
오징어 몇 마리 발레를 하고 있으며
몇 마리는 빨판을 유리에 꽉 붙이고 먹물을 뿜으며
잡으려하는 조리사에게 반발한다
과연 이 춤은 무슨 춤일까
오징어포가 되지 않고 아직까지 살아 있어 추는
즐거운 춤일까
삶의 터전이었던 바다로 되돌아가겠다는 비명의 춤일까

어쨌든 나는 오징어 회 한 접시 시켰다
오징어는 내 몸속에서 수영을 하고 있다.

6월의 캔버스

남산의 검푸른 캔버스

봄 처녀가 아지랑이 안고 달려와
새 싹을 불러 일으켰고
봄비가 성장과 푸름을 재촉하였기 때문

산새들이 넘나들며 흥겨운 노래 부르고
싱그러운 나무 향을 즐기려는 도시인의 앞마당.

반포대교의 야경

잔잔한 물위에 배 한 척
반포대교 밑을 지나가니 강가에 물결이 일렁이고
형형색색의 불빛이 뿜어대는 물줄기를 물들인다

손자 손잡고 일찍 자리 잡은 영감 할멈
황홀한 물줄기에 혼을 빼앗겨
하늘을 모두 삼킬 만큼 입이 딱 벌어진 구경꾼
카메라맨들 그 장면 찍느라 야단법석

차량만 다니는 평범한 다리로만 알았는데
파노라마 치는 물줄기에 울긋불긋 야간조명
시민들의 구경거리 사랑을 독차지
나도 그대의 사랑을 독차지할 수 있는 삶을 살아야지

병든 우산

잔뜩 찌푸린 하늘을 보며
우산을 들고 길을 나섰다

하늘이 드디어 굵은 빗줄기를 쏟아 붓는다
옷이 젖을까봐 하늘을 가리려하니
도대체 말을 듣지 않는다
그동안 일을 너무 많이 시킨 탓
가족들이 너를 병들게 만들었구나

당황한 나머지 살살 달래도 보고
툭툭 건드려 으름장 놓아 보기도하고
급기야는 두들겨 패기까지
병들어 누운 녀석 이미 나를 떠난 듯
끝내 웅크린 몸을 풀지 않는다

이미 옷은 다 젖은 상태
녀석을 편의점 쓰레기통에 버리고
투덜투덜 잔뜩 찌푸린 얼굴로
말 잘 듣는 새것을 입양하고 얼굴을 폈다

빈자리

– 남산 타워에서 –

차 한 잔 하시겠어요
봄내음 물신 풍기는 남산에서
찻잔에 향기로운 꽃잎 하나
둥둥 띄워 후후 불며

하얀 아지랑이에 둘러싸인 남산에서
찻잔에 피어오르는 입김 마시며
빈 탁자에 그대 이름 석 자
손가락으로 써보지만 보이질 않는다

사랑의 목마름 마시고 마셔도
가라앉지 않는 갈증은 아마도
앞의 빈자리 때문이겠지

개여울

비만 오면 건너지 못해 십리나 됨직한 산길을 돌아
비에 흠뻑 젖으면서도 책보자기는 적시지 않으려
안간힘을 쏟았었지
등. 하교 길에는
개울 둑 밑에 옹기종기 모여 놀며
미역 감고 물장구치던 곳

이제 보니 그 개울 좁고 얕았었네
고향 가는 길
시장 건너 반계천

옥상(屋上) 파티

일요일 이른 아침
현관문 벨이 울린다

아래층에 사는 어린이가 방긋이 웃으며
어머니가 갖다 드리라 하였다하며
내미는 손에는 고기 봉지가 들려 있다

아침 먹고 슈퍼에 가서
콜라 한 병과 상추를 사 가지고 와
옥상에 심어 놓은 고추 따고
양파와 마늘장아찌, 새우젓을 준비
그 가족과 옥상 파티

고기를 가져온 손자 또래 아이들
즐겁고 맛있게 먹는 것을 보니
자리를 마련한 나도 즐거웠다
때로는 아주 작은 것에도
하늘만한 기쁨이 있는 것을 알았다.

들꽃

팔월중순
태풍과 폭우가 한바탕 소란을 떨고 간
북한산 길섶을 오른다

보일락 말락
몰래 핀 앉은뱅이 패랭이꽃
살포시 고개 내밀고 작은 눈 크게 뜬 채
허구한 날 산을 오르는 그 많은 발자국 소리를 세고 있다
어제 세어본 숫자도 기억에서 잊은 채
오늘도 하나 둘 셋…
세어보다 또 잊은 듯
고개를 갸웃거린다

한 가닥 바람이 스치고 지나니
키 큰 원추리와 참나리 꽃
길고 가냘픈 허리 휘청거리며
무거운 머리 숙여 인사 하는 저 고갯짓

누가 돌보지도 않았는데
저 홀로 피어 있는 들꽃
꽃이 있어도 아무도 거들떠보지 않네.

보리밥

건강식이다 별미다 요란들 떤다

4,50년대 배고팠던 시절
꾹꾹 눌러 고봉으로 담은 꽁보리밥 한 사발
양푼에 밥과 열무김치, 고추장을 넣고 쓱쓱 비벼
된장에 풋고추 찍어 먹으면 진수성찬
뒷곁 대나무 숲 아래 시원한 우물물 한 대접 마시면
구부러졌던 허리 벌떡 일어섰다

왜 그리 빨리 배가 꺼지는지
먹고 돌아서면 또 배고팠다
물 한 대접 더 마시고나도
해는 중천에 떠있다
배 꺼진다 그만 뛰어라 하시던 어머님의
목소리 귓전에 들리는 것 같다

그 보리밥과 열무김치 가끔 생각날 때면
시장 한 곁에 있는 보리밥집엘 간다
그러나
그 옛날 어머니가 해 주시던 그 맛이 나지 않는다.

붕어에게 죄를 묻다

툭 튀어 나온 눈만 멀뚱 멀뚱
잘못한 죄 없다고 앙탈이다
몇 차례 더 고문하니 묵비권행사
곤장으로 내리치며
수중에서 작고 힘없는 것들을 죽인 죄이다하니
온 몸을 궁굴리며 파닥거리다 축 늘어진다

과학수사요원에게 정밀검사 의뢰
팔다리 자르고 옷을 벗기며 외상 확인 후
개복수술하고 속을 들여다보니
새끼 미꾸라지 피라미 새우등 힘없는 것들을
살생하였으니 분명 죄인

찜통바닥에 묵은지 푹신 깔고
대추와 밤, 한약재를 듬뿍 넣고
죄인을 그 곳에 눕히고 물 붓고
고춧가루 마늘등 온갖 양념을 첨가하고 불을 붙이니
그의 몸에서 우러나오는 냄새와 눈물 콧물이 새어 나온다

그의 혼은 저수지에 들어가 헤엄치는 꿈을 꾸고 있겠지
매운맛 짠맛이 듬뿍 배인 그.

주문진 어시장

아침 동틀 무렵
야간 조업 나갔던 배들 하나 둘 들어오기 시작
밤새 바닷바람과 파도에 시달리며 잡아 올린
오징어, 도루묵, 참복어, 도치들을 선착장에 내려놓는다

경매인이 종을 울리며 상인들을 부른다
장화에 고무바지 차림의 억척스런 바닷가 아지매들
조금이라도 싸게 사려고 몰려들어
살려는 금액 적은 쪽지를 경매인에게 건넨다

낙찰받기 바라던 상인
사려던 생선을 사지 못해 소태 씹은 얼굴로 입맛만 쩍쩍
낙찰 받은 생선을 가져온 상인들 밝은 미소
생선 다듬는 솜씨는 달인
마수걸이해달라 사정

만족스런 금액을 받아 기쁜 웃음 짓는 어부
노력한 만큼 받지 못해 씁쓸한 웃음 짓는 어부
가격에 따라 희비가 엇갈린다

그래도
오후엔 또 출항하겠지
만선을 꿈꾸며.

전신주

숨이 막힌다

구멍가게 앞에 서 있는 '나'
목에 감겨있는 올가미에 시달림을 받고 있다
보이지 않는 그림, 들리지 않는 소리
하루에도 몇 번씩 올가미를 조였다 풀었다한다

형형색색의 옷 입혔다 벗겼다
누더기 옷을 입을 때도 많아
보기 싫다 칼로 긁어대니 몸은 상처투성이
내가 입었던 옷은 수백 가지

맥주, 막걸리, 소주, 양주, 국수 먹고
냄새 고약한 것들을 나에게 쏟아 붓고
시치미 뚝 따고 고개 한번 살래살래
아랫도린 항상 술에 절어 있고 코는 병든다

그렇지만 아무리 괴로워도
어둠을 밝혀 눈이 되어주고
각종 전자기기에 불을 전달하는
본디의 임무엔 충실 하련다.

누구였을까

세무직원이 들이 닥친다

가정에서 술 담그는 것이 불법 이였던 시절
양조장 도가에서 술은 사 오지도 않는데
형은 늘 술에 취해 있었으니
누군가 세무서에 고자질을 한 것

우리 집 대나무 숲은 대나무 숲이 아니다
술 단지는 항상 그 품안에서
이곳저곳을 전전하며 숨었으니
그 숲속은 형이 즐기던 술 단지의 은신처
세무직원과 술 단지는 술래 잡이를 계속한다
대나무는 알고 있으면서도 모른 척 시치미

누구였을까.

새

나는
새의 종류는 물론
눈에 보이는 새들의 이름도 다 알 수 없다

새들은 왜 날아야 하는 운명일까
새가 한번 땅에 내려와 오랫동안 쉰다면
그것은 바로 죽음을 뜻하는 것

새는 살아서는 하늘을 날지만
죽음을 맞아 죽는 곳은 하늘이 아니라
지상에 하나의 점으로 남는다
그러나 영혼만은 하늘을 날고 있겠지.

그림자

칠십 여년을 함께한 너
언젠가 널 멀리하게 될 때도 잠시 있었지만
그때도
너는 나를 배반하지 않았지

넌 정말 좋은 친구야
캄캄한 밤 별빛만 있어도
어두운 방안에 촛불만 있어도
너는 나를 떠나지 안했어

그때가 언제일지는 알 수 없지만
내가 이승을 떠날 때
우리 인연은 끝나겠지
수고 많았다
그동안 고마웠다.

거울

세면장에 있는 거울
뒤편 깊숙한 그 속엔 또 하나의 내가 있다

면도하고 칫솔질
세수하고 머리빗을 때
하나도 빠뜨림 없이 똑같이 따라한다

이제 내 나이 칠순
혀도 어눌해지고, 눈도 침침해지고
걸음도 느려졌다
너는 나를 닮지 말라 이르지만
너는 여전히 나를 흉내 내는구나
그래도, 너를 볼 때마다
아직은 괜찮구나하는 마음을 버리지 않고 있다

나는 아프면 병원으로 가지만
너는 그곳까지는 갈 수 없구나

이제 이별할 때가 가까워진 것 같다.

브래지어가 없다

옷 속의 옷, 브래지어
감춰진 패션의 종결 자

브래지어장사 망한다, 아니 브래지어 그 자신이다
그녀를 안 보이는 곳에서 은밀히 받쳐주던 그는 이제
더 이상 그녀의 배후가 아니다

그에게 먹구름이 밀려오게 한 공신은
"스타"라면 너나없이
가슴을 풍선처럼 키울 수 있는 의료기술의 발달
오직 현재와 미래만이 중요한 그녀는
지난날 그의 내조 따위는 안중에도 없다

그 뿐만이 아니다
그를 역사의 뒤안길로 내몬 원인 중 하나는
아이러니컬하게도
각종 기술로 무장하고 나타난 그의 종족이자 후손들
고가임에도 불구하고 구름 위를 걷는 기능을 가진 그들에게
자리를 빼앗긴 그의 입지는 속절없이 망가지고
그의 용도는 날개 부러진 비둘기가 공중을 날지 못하고
추락하듯 점점 퇴락하고 있다

망하는 건, 브래지어 장사가 아니라
브래지어 그 자신이 되어가는 불안정한 미래
그는 설 곳을 잃어 잠 못 이루는 밤 오늘도 하얗게 불을 켠다.

어려울 때마다

무엇을 찾으려는가!
땅을 더듬고 또 더듬는 저 사람
아차! 하는 순간
가로수를 들이받고 껴안으며 멋쩍어한다

“도와 드릴까요”

“아닙니다, 괜찮습니다,”
도움을 받다 보면 어려울 때마다 누가 도와주겠지 하는
그 마음 때문에
자립과 성공을 할 수 없게 됩니다

그렇다,
누군가의 도움이 없으면
혼자서는 아무 일도 할 수 없게 되겠지

그 말 한마디
나에게 충고하는 것 같았다.

– 제3부 –

가을 황금나무

가을 황금나무 • 60

가을 • 61

가을의 문턱 • 62

송편 • 63

단풍을 보며 • 64

입동 • 65

산수유 • 66

낙엽 • 67

물수제비 • 68

한판 승부 • 69

해산 • 70

늙은 농부 • 71

세탁기 • 72

하얀 밤 • 73

가족 • 74

대한인데 • 75

바람 • 76

상생 • 77

애장 • 78

불면증 • 79

어머니와 메주 • 80

가을 황금나무

푸르른 꿈꾸며 혹한을 잘 이겨낸 벌거숭이
한 여름엔 쉼터 되어 오가는 인파에 봉사하고
비바람 몰아칠 때엔 내 몸 하나 희생하더니

가을바람 소리 없이 앙가슴 파고들면
즐거웠던 여름은 추억으로 남겨둔 채
나무마다 황금나비 불러 들여
행인들 발길 묶어둔다
하늘은 높고 대지는 거칠게 말라가니
바람 불때마다 황금나비는 현란한 날갯짓으로
공중곡예하다 추락하여 떡시루처럼 겹겹이 쌓인다

어느 날 아침 매서운 바람에
황금 눈물 주르륵 떨군다.

가 을

너 나 없이 바쁜 계절
몸이 셋이라 해도 부족한 나날들
추수하여 나갈 것들 걱정
한숨 깃든 달
이마에 주름살 몇 개나 더 생길까

달리는 버스를 타고 산행 중 창밖을 보니
산자락 비탈진 밭에는 알알이 익어가는 과일
들녘엔 누런 벼이삭이 무거운 고개를 숙이고
밤나무는 황금알을 금방이라도 해산할 것 같다

터주 대감인 다람쥐와 청솔모는
지난밤
알밤 떨어지는 소리에 잠을 설쳤겠다

알밤 한 톨 주어 오도독 깨물어본다.

가을의 문턱

'곧 오겠노라' 소식 전하더니
건들바람 남산에서 내려와
창문을 두드리며 가을이 다가왔다 소리친다
풀벌레들도 덩달아 나팔 분다

재촉하지 말라하며
마지막 발버둥으로 요란한 천둥소리와 함께
굵은 빗방울 후드득 후드득
여름은 슬금슬금 꼬리를 내린다.

송편

어머니와 형수는 소반에 둘러 앉아
도란도란 정담 나누며
햅쌀가루로 빚은 송편에
가족들의 소원이 섞인 소를 가득 담아
손 지문 꾹꾹 눌러 찍어 반달 같은 송편 만드셨다

저녁 무렵
채반가득 송편 내음 집안 구석구석 배였다
솥에서 꺼낸 뜨거운 것 하나
날름 집어 들고 호호 불며 먹다가
꿀밤도 하나씩 같이 먹었다

조상님께 드릴 것 챙기지도 않았는데
호통 치시던 어머니
늦은 저녁에나 먹었던 몇 알
어머니의 정성이 담긴 반달 송편
그날 밤 보름달을 보았다

한가위만 되면 어머니가 만들어 주시던
송편 생각이 난다.

단풍을 보며

어쩌다 씨앗이 바람에 날려
惡山地域에 태어난 樹林은 무지렁이가 되고
地深이 얕은 지역의 수림은 風水害에 넘어지고 쓸리고
가뭄이 계속되니 단풍이 아닌 마름 현상으로 명이 짧고
좋은 지역에 태어난 나무와 풀은
느긋한 마음으로 겨울을 맞을 준비하고
단풍색도 서서히 곱게 물들어간다

짐승도 태어나서 주인을 잘 만나면
호강하고 제 명을 다 하듯
산에 올라 樹林을 바라보니
인간과 짐승 수림이 다를 바 없구나.

입동

동대문 시장
지방 상인들의 보따리들
외국 보따리상들 이것저것 모두 모아
지게에 등을 대고 졸고 있는 짐꾼 부르고 있네

원금 빼고 남는 돈은 저축하여
서울로 유학 보낸 아이들 학비
공과금 내고
작은집 하나 장만하고
자동차도 한 대 사서
가족들과 즐거운 삶의 여행 꿈꾸며 물건을 고르겠지

동대문 시장의 아침.

산수유

도봉산 입구(入口) 산수유나무 몇 그루
잔설이 채 녹지도 않은 이른 봄
잎이 피기 전 황금색으로 분장하고
요염한 미소로 벌, 나비 불러들여
식탁이 되고 놀이터가 되어 준다

산행객들의 사진 촬영에
벌거벗은 몸뚱이 내어주고
앙큼한 포즈로 카메라에 들어간다

강한 햇볕이 내려쬐는 한여름
알몸이 너무 뜨거워
짙푸른 초록 천을 칭칭 감으니
황금색 얼굴을 천속에 묻고 살포시 내다본다

가을의 따가운 햇볕에 그을려 볼은 홍안
수줍음도 없어지며 성숙해진다
한해의 삶을 마무리하는 늦가을
산수유나무를 뿌리째 들고 온 나
다음 생애도 감탄하며 그의 앞을 지나치리라.

낙 엽

한여름 주인에게 충성을 다 하였건만
이제 쓸모없다 버려진다
낙엽은 바람에 흩날려
이집 저집을 엿보며 방황한다

아직 대롱대롱 매달려 있는 저 잎 하나
어느 날, 어느 바람에 날려 어디로 갈지
등산로엔 발길에 밟혀 산산조각 된 낙엽
계곡엔 처음 만나는 친구들과 어깨동무한 채
겹겹이 쌓여 겨우내 눈비에 시달려 썩어
낮모를 주인에게 밑거름으로 봉사하겠지

인생도 이와 같을지어다.

물수제비

예당저수지에서
착잡한 마음을 물수제비에 날려 보내려고
납작하고 작은 돌 하나 주워들었다

돌을 힘껏 던지니
물위를 담방담방 뛰어가는 듯
화들짝 놀랜 물이 너울을 일으킨다
옛 추억이 너울을 일으키며 멀리 날아가며
조용하던 물위에 길을 내더니
네댓 걸음 걷던 돌이 갈아 앉는다

나는 다시 돌 하나 주워든다
내 기분에 취해 저수지에 던진 돌 하나
그 돌 하나하나에
내 머릿속에 얽히고설킨 실타래
가뿐하게 풀렸으면.

한판 승부

야간 작전이 시작됐다
먹고 살겠다고 공격
못 주겠다고 방어전
윙윙거리는 적의 고음
천둥소리보다 크다
고막을 찢어 놓는 것 같다

잽싸게 손바닥 대포를 날린다
헛손질에 귀가 멍하며 귓불만 아프다

조명탄을 띄워도 보이지 않는
매복 작전의 달인
잠시 휴전하려하니
또 급습이다
제2탄 조명발사
적은 다시 매복에 들어가 보이지 않는다

에프킬라 공중살포.

해 산

칼바람 몰아치는 겨울
벌거벗은 몸으로 죽은 듯
돌아올 봄을 꿈꾸며 단잠에 빠져 든다

봄엔 잎 피고 꽃 피워
가시송이를 품에 안으니
청솔모와 다람쥐가 환호의 박수 보낸다
가시송이는 또 다른 두세 개의 황금알을 품는다

한여름 따가운 햇살을 머금고
무럭무럭 자라 배불러 오르더니
마침내 산달이 되어 해산을 시작한다
신음소리에 놀란
청솔모와 다람쥐가 잠에서 깨어났다가
살포시 미소 지으며 다시 눈을 감는다

깔개도 없는 차디찬 바닥에 누운 황금알
수확은 …
나는 맨 마지막이다.

늙은 농부

텃밭엔 가을 햇볕에 붉게 익어가는 고추
쏟아지는 흰 참깨 검은 참깨
겸손이 지나쳐 고개 숙인 조 이삭
알알이 튀어나올 것 같은 율무
꼬투리 주렁주렁 매달린 콩 팥
밭 한쪽엔 무럭무럭 자라는 무 배추
붉게 물들어가는 밭둑의 감
노랗게 익은 슈퍼 호박

팔순 노인이 가꾸기엔 힘겨웠을 텐데
올가을 추수하여
자식들에게 나눠 줄 즐거움에
그의 얼굴엔 행복이 깃들어 있었다

홍천 공작산아래 늙은 농부.

세탁기

겨울엔 일주일에 두 번
장마와 삼복 때는 이틀이 멀다하고 돌린다
많은 양의 일감 주면 벅차다 짜증내니
비위 맞추기 까다롭다

빨래 감을 넣고 세제를 넣는다
전원, 동작, 세탁, 물 높이 단추를 차례로 눌러준다
지독한 화학물질 때문에 명대로 못 살겠다 투덜댄다
반복해 돌면서 일을 한다
마지막 세탁 전엔 피죤 넣어 달라 삑삑거리고
잠시 후 탈수를 한다
일을 끝내면 끝났다고 다시 신호음이 울린다
말도 잘 듣고 때에 맞춰 말도 할 줄 안다

더러운 빨랫감이 들어갔던 문을 열고 보면
컴컴하고 비좁은 공간에서 비비 꼬이고 엉킨 옷가지들
어지럽고 답답하다 엄살떨며 바라본다.

하얀 밤

선달 열이레
긴 밤을 지새우다
새벽녘에 창문을 여니
얼굴을 후려치는 한 겨울의 찬 공기
서쪽으로 기울어지는 이지러진 달
사뭇 아쉬운 듯 자꾸 비추는구나

달은 서산을 넘고
밤하늘에 병졸같이 깔려 있던
작은 별들도 서서히 자취를 감추니
장군 같은 새벽별만 남아있다

외로운 나를 뒤로 한 채
달도 별도 모두 안녕하며 떠났다
어제 저녁 노을에
홀로 날던 갈매기 한 마리
어디로 날아갔을까?

가 족

가족이란!
경기장의 팀웍과 같은 것
한 집에 계속 같이 있으면
고맙고 반가움을 모르고 지내지만
누군가 보이지 않으면 보고 싶고 그리워하는 마음
나갔던 가족이 돌아오면
보기만 하여도 반가움이 생기듯이

윗집 지붕 밑 대를 있는 참새도
어느덧 새끼가 자라 바깥나들이
어미가 집으로 돌아와 새끼가 보이면
반가워 짹짹 거리고
보이지 않으면 이 지붕 저 지붕
가족을 찾느라 요란하게 날아다니며
짹짹 거린다

남산 아카시나무에 있는 까치집
새 가족이 태어났나보다
두 식구 뿐 이였는데 가족이 늘어 네 식구
새끼도 이 지붕 저 지붕 훨훨
그래도 부모는 안절부절
새끼를 따라 다니며 참견을 하고 있다.

대한(大寒)인데

며칠 전 많은 눈이 내리더니
오늘은 보슬비가 내린다

빗물과 눈 녹은 물이 질펀하게 흐르고
뒷집 옆집 지붕 처마에
수정 같은 고드름에서 떨어지는 물
늦은 봄비 같구나

이웃집 담장 안 복숭아나무
서울 성곽 산책길옆 살구나무
가지마다 연두 빛으로 변하였고
금방이라도 꽃을 피울 것 같다

남산에 물안개 자욱하고 멀리 떠났던 서방이 돌아오니
반가워 아낙네 눈시울에 맺힌 눈물처럼
나뭇가지마다 영롱한 은빛 이슬 송알송알
춥지도 않고 입술도 벙글 듯한
비 내리는 대한(大寒)의 한나절.

바 람

남녘에서 불어오는 샛바람
눈과 얼음을 녹여주고
여름에 동남에서 불어오는 시마바람
제갈량이 적벽 전투에 이용했다는 그 바람
비를 몰고 오는 강바람
더위를 식혀주는 산바람
농부와 장인(匠人)들의 앙가슴에 맺힌 땀 씻어주네
가을에 서북쪽에서 불어오는 높하늬바람
넓은 들녘과 산야를 황금빛으로 바꾸고
추수와 겨울 채비를 독촉하며
겨울에 북녘에서 불어오는 북새바람
매서운 삭풍
정치꾼들의 쉴 줄 모르는 싸움바람
우리네 삶 사계절 바람에 맞추어 살듯
정치 싸움도 국가와 국민을 위한 바람이길.

상 생

게는 태초부터 갯벌에서 살면서
생존을 위해 땅을 파내어 집을 짓지만
망둥이는 밀물과 썰물의 물결 따라 살아 왔으므로
집을 지을 줄 모른다
물길 놓쳐 갯벌에 남은 망둥이
생각 끝에 얻어낸 결론
땅을 파고 집을 짓는 게와 상생하기로 한다

망둥이는 게가 집을 짓는 동안 초병을 맞기로 하였고
적의 침입이 있을 때
초병은 게가 밖으로 나오지 못하게
경고와 동시 게를 밀고 안으로 들어간다

서로가 다른 개체이면서 상생하는 법
계약서도 없으면서 행동으로의 약정
아래층 사람들과 옥상에서 삼겹살 파티하며
우리도 서로 도우며 살기로 약정을 맺었다.

애 장

1940년대 후반 국가 1종 전염병
홍역하다 죽은 여덟 살 동갑내기 여 조카

홍역이 돌고 있으니 아이들 잘 살피라 하시던
시어머니 말씀 깜박 잊은 며느리
홍역에는 금물인 단 음식 식혜를 먹였던 것
열이 치솟으며 숨이 막혀 죽었다

아비는 보기 싫다 집에 들어오지 않고
어미는 눈물바다
옆집에 사는 육촌형을 불렀다
오자마자 가마니 하나 꺼내 낫으로 쭉쭉 찢더니
조카를 들고 간 가마니에 둘둘 말아 지게에 지고 나가며
조카가 신던 신을 들고 따라 오라했다
2키로나 떨어진 외진 산골 양지바른 곳에 묻고
굵은 돌로 빈틈없이 눌러 놓았다

조카의 죽음을 받아드리기 힘들었으며
내가 죄인 같아 숨죽인 채 몇 달을 지냈다
몇 년이 지나니 그 자린 흔적도 없고
억새와 칡넝쿨만 무성하였다.

불면증

쓰나미가 밀려오듯
잠이 밀려온다
눈을 감고 수 없이 놓쳐버린 잠을 불러본다
뒤척이다보니 창밖의 달은 벌써 두시 방향
다시 잠을 글어 모아보지만
손이 닿지 않는 공상만 떠오른다
머릿속엔 폭풍우가 휘몰아치고
황폐한 도심을 걷고 있는 듯
밤새 뒤척거리며 베개만 궁글려
나와 베개는 땀에 젖어 흥건한 상태로 아침을 맞는다
밝은 아침 눈이 부시다
잠에 젖지 못한 몸이 한 짐이다.

어머니와 메주

건넌 골 할아버지 산소아래 기름진 밭뙈기 한 자락
그 밭의 콩은
할아버지가 혼을 불어넣어 잘 키워 주셨는지
해마다 탱글탱글 잘 여문 콩을 수확하게 한다

못 생긴 얼굴을 메주 같다고 하였는가
어머니는
초겨울 아이 머리만한 크기로 메주를 만든다
잘 생긴 메주를 만들며
"이래야 맛이 있다" 하셨다

삶은 콩을 한 사발 퍼 가지고 나와 맛있게 먹었다
그런데 먹고 난 후가 문제였다
아직 혼을 다 불사르지 않았는데 왜 벌써 먹느냐는 듯
배탈이 나서 화장실을 들락날락

겨우내 잘 말리고 발효시켜
이듬해 봄
메주는 몸을 궁글려 짭조름 달착지근한
간장과 된장으로 변신한다

그 간장과 된장만 있으면 어느 것이든
맛깔스럽게 만드시던 나의 어머니.

– 제4부 –

풍선인형

풍선인형 • 82

어느 겨울 오후 • 84

서둘렀지만 • 85

매생이와 톳 • 86

기축 년을 보내며 • 87

도둑 맞은 봄 • 88

신묘 년을 맞으며 • 89

구제역 • 90

김장 • 91

옛집 • 92

산다는 것이 다 그런거지 • 93

오늘 • 94

물러나라하네 • 95

병상에서 • 96

파지 • 97

커피 • 98

중환자실 • 99

한 사람이 있었고 또 한 사람이 있다 • 100

낙산에서 • 101

봄날의 장충단 풍경 • 102

풍선인형

나는 거리의 춤꾼
이벤트가 있는 곳이면 어디든 나타나지
바람만 먹으면 키도 크고 근육이 탱탱해진다

큰 키로 허공을 마구 휘저으며
허리를 구부렸다 폈다 어깨춤을 으쓱 으쓱 추어댄다
하교하는 꼬마 친구들 몰려와
신기하다는 듯 올려다본다

나는 전생에 각설이
어제는 새로 간판을 거는 슈퍼에서
오늘은 기름 냄새가 코를 찌르는 음식점에서
내일은 칠순잔치 축하 공연 하잔다
언제나 종일 춤을 춰도 쉬라하지 않는다

누군가가 몰래 내 몸에 구멍을 낸다.
바람 빠진 풍선이라더니 내가 그 꼴
그때마다 상처부위를 찾아 치료하고 배불리 먹이면
언제 그랬냐는 듯 다시 살아난다

슈퍼에서는 불량품도 판매하고
음식점에서는 불량식품을 팔았다하니
내가 누구를 위해 춤을 추었는지

쉬는 날엔 배도 굶겨 허리가 펴지지 않는다
나는 어쩔 수없는 거리의 춤꾼
사기 행사장엔 가기 싫다.

어느 겨울 오후

눈이 또 내린다하여 걱정하였는데
하나의 기우였다
따스한 오후의 햇살에
남산골 단독주택 처마엔 낙수

무거운 흰 솜이불을 벗어 던진 소나무
해맑은 웃음을 지어 보이니
옆집의 앙상한 활엽수가
손을 흔들며 잘 했다고 인사한다

차량들이 지날 때마다 염기 먹은 눈 녹은 물이 발
길을 더디게 만들고 물이 튀어 옷자락을 후줄근
하게 적셔 놓는다

그래도 무엇이 그리 즐거운지
삼삼오오 짝을 지어
명동거리를 걷고 있는 젊은 아베크족
눈 녹는 따스한 겨울날 오후.

서둘렀지만

하얀 세상 일세

내가 밟기 전에 누가 먼저 밟을까
아침 일찍 배낭 메고 서둘러 집을 나섰다
장암역에 도착하니 벌써 많은 등산객이 모였다
첫 번째 일거라 생각하고 수락산을 향해 부지런히
걸었지만
나보다 더 부지런한 사람이 있었다

정상에 올라 사방을 둘러보니
휘몰아치는 눈보라에 앞이 보이질 않는다
온종일 내리던 눈
오후엔 더 많이 내린다
그저 세상 모두가 하얗다

검은 마음을 가진 자들
하얀 마음으로 바꾸는 것이 어떠하리

서둘렀지만 오늘도 일등을 놓치고 말았다.

매생이와 톳

속이 깊고 뜨거운 여자처럼
열을 가해 끓여도 뜨거움을 나타내지 않아
잘 못 먹다가는 입안에 화상을 입는다
굴이나 조갯살을 넣어 끓여 먹는 매생이국

매생이가 여자라면 톳은 남자
살짝 데쳐 식초 넣고 무치면
바다 내음 살린 새콤한 맛
입안에서 톡톡 터지는 알갱이
힘 있는 남자와 같은 미묘한 느낌 톳.

기축 년(己丑 年)을 보내며

가는 해를 아쉬워하지 마라
마지막 달이지만
아직도 남은 7일반 180여 시간

지난날들을 뒤돌아보고 반성할 수 있는
남은 시간을 고마워하고
무엇을 할 것인가 고민해 봐라
애원한다고 멈추지 않을 터
동물의 왕자답게 포효하며 달려오는
백호(庚寅)와 함께 동행할 계획을 세워라

보고 듣고 말할 것 많고 많았던 한 해
너무 많아 멀미에 지쳐 입 다문 채
마음의 빗장을 닫아걸었던 미련들
이 해 이 겨울 찬바람에 말끔히 씻어 버리고

기축 년의 우정과 사랑의 선물들 감사하며
경인 년을 위해 힘찬 발걸음 내딛자.

도둑 맞은 봄

(암울했던 2010년 봄)

평생 잊을 수 없는 경인 년 봄

변덕스러운 기상보다 더욱 추웠던 것은
서해 백령도 앞바다 천안 함 폭침사고
바다의 불침번 46명의 고귀한 생명 사망, 산화

재난구조 활동의 세계적 인물
한주호 준위의 사망
수색작전에 동참했던 쌍그리 어선
금양호의 침몰과 선원 9명의 수장
암울했고 몸과 마음이 아팠던 2010년의 봄

그래도,
빼앗기지 않은 것이 있다
좌절하지 않고 역경을 이겨낸
대한의 낭자 산악인 오은선 대장
히말라야 안나푸르나 등정 성공
인류 역사상 여성 최초 히말라야 14좌 정복

대한민국의 여성도 강하지만
위기 때마다 똘똘 뭉치는 국민의 단결력
2010년 도둑맞은 봄을 거울삼아
대한민국은 어떠한 시련에도 좌절하지 않고
거듭 태어나 세계의 열강 국이 될 것이다.

신묘 년(辛卯 年)을 맞으며

경인 년 섣달그믐
한해를 뒤돌아보니
굵디굵은 사고들이 많았다
천안함 폭침, 연평도 포화, 태풍 곤파스의 심술
기나긴 한파, 조류 독감, 물가 폭등
삼호 주얼리호 피납, 구제역
거기에 당파싸움도 한 몫

떠날 때가 된 호랑이도 한 마디
한 해 동안 못 볼 것 많이 보았다하며
십이 년 후에 내가 다시 찾을 때는
평화로운 나라가 되기 바란다며 홀연히 떠난다

호랑이의 뒤에서 나타나는 토끼
신묘 년에는
지혜로 난관을 극복하고
평화로운 한해가 되길.

구제역

암흑세계로 떠나는 소, 돼지들

구제역을 막는다고 마을 초입에 뿌려놓은
석회가루가 소나 돼지들의 뼛가루 같다
말 못하는 짐승이라고 감정이 없겠는가
그들의 눈에 피눈물이 흐르고
목 놓아 울부짖음 애처롭다
제 배불러 낳은 새끼가 품을 벗어나기도 전
어미와 함께 암흑세계로 동행하네
묻지도 따지지도 않고 묻힌 죽음의 공동묘지

매몰 지역까지 다녀온 주인
빈 축사 바라보며 자식 잃은 듯 어안이 벙벙
살 처분 참여 공무원, 군인, 축산업자들
일상적 생활 어려운 고 위험군 외상 후
스트레스 환자 발생하고
그들 울부짖음에 환청환자도 발생했네.

김 장

동네 아낙들 품앗이하며 김장 담근다
거동 불편한 어른들 있는 집이나
가정 형편 어려운 집에
한 두 포기씩 나눠주는 인정도 있었다
마당 한 켠에 땅을 파고 독을 묻는다
김치를 넣고 뚜껑을 덮은 후
얼지 않도록 고깔 모양의 집을 짓고
짚단을 독 위에 덮었다
눈 오는 추운 겨울 아침
어머니는 한 포기 꺼내 와 밥상을 차린다
가족들이 옹기종기 둘러 앉아
시원하고 아삭아삭한 배추김치와 동치미
하얀 쌀밥 한 숟가락에 김치 한쪽 얹어 맛있게 먹었다
묻어 둔 김치는 늦은 봄까지 두고 먹어도 변하지 않았다

그때 그 맛 느낄 수 없네.

옛 집

대나무밭, 옛집에 나는 막내로 태어나
동갑내기 여 조카와 살았었다
조카는 여덟 살 되던 해에 홍역을 앓다
하늘나라에 먼저 가겠다고 훨훨 떠났다

조카와 둘이서
봄이면 파릇파릇한 민들레 뜯어 토끼 주고
들고 나간 바구니에 추억도 가득 담아왔다
여름 저녁엔 안마당에 멍석 깔고
모닥불에 구운 감자 한 톨이라도 더 먹으려다
꿀밤도 한 대 먹곤 했던 일들
새록새록 생각나 빈집에 발그림자* 했더니

빈집을 지키고 있던 대나무
고개를 살래살래 흔들며
우리들의 비밀은 입을 꼭 다물겠다한다

빈집 대나무 숲은 옛 일을 모두 잊었노라 한다.

* 발그림자 : 찾아가거나 찾아오는 일

산다는 것이 다 그런 거지

인생은 뜬구름
바람 불면 바람 부는 대로 방황하는 구름
그렇게도 세차게 몰아치던 비바람
언제 그랬냐는 듯
먼 하늘엔 구름 한 점만 남아있네

어디서 왔다가
어디로 가는 건가
발버둥 치며 살아온 존재
한들 바람에도 설뚱하다*

종착역을 향해 달리는 기차처럼
아침 햇살에 살아지는 풀잎 이슬처럼
비구름이 바람에 정처 없이 밀려가듯
소리 없이 떠나야할 풍류객

산에 올라 고함을 내질러 봐도
고삐 풀린 망아지처럼 들판을 달려 봐도
귓전에 들려오는 것은 메아리뿐
너만 그러 하더란 말이냐

모든 사물이 다 그러하거늘
한 낱의 추억으로 하여라한다.

* 설뚱하다 : 마음이나 분위기가 들뜨고 어수선한 상태

오늘

오늘은 언제나 있다
어제도 오늘
내일도 오늘
오늘은 끝없이 태어나지만 보지 못하고
어저께 죽은 자가 그토록 갈망했던 오늘

지나간 오늘에 미련을 두고 살다보니
오늘의 오늘을 즐겁게 살지 못했고
내일의 오늘을 계획하지 못했다

오늘이 없는 자에게 어느 누가 오늘을 가져다 줄 것인가
값없이 찾아오는 오늘이지만 댓가 치루지 않고 받아들인다
이는 곧 생각 없이 공중을 맴도는 하루살이와 같고
죽어 영혼을 잃은 자와 같을 것이다

지나간 오늘에 미련두지 말고
허황된 꿈을 내려놓고
오늘을 사는데 보람이 되도록 설계하여 살다가세.

물러나라하네

어제가 춘분이었지
진달래꽃도 아직 만개하지 않았는데
며칠째 여름 같은 날씨

책보자기 어깨에 들춰 메고
넓디넓은 운동장을 뛰놀던 그 시절
배고픔을 잊으려 물을 들이키던 우리
자식들 모두 커서 제 살길을 살아가니 한 걱정 덜었다

그러나
여름이 성큼 다가와 봄을 밀어내듯
아직은 일할 수 있는 정열이 남아 있는데
치밀고 올라오는 아이들이 물러나라하니
나도 모르는 사이 늙었나보다

고달프고 힘든 세월 살아온 우리
저물어 가는 청춘이지만 즐겁게 살다가리.

병상(病床)에서

보훈 병원 신관 6213호
어제 들어온 옆 자리의 종양 환자
밤새 방구만 연신 뿡뿡대며 고래고래 소리 질러
지난밤 잠을 이루지 못 했다

머리 위에 있는 소등(小燈)을 켜고
장편 소설 "천년의 사랑" 몇 쪽 읽었다

인간은 누구나 나이 들면 아픔이 따르는 것이 절차인가?
밤새도록 신음하던 환자들이 새벽녘에야 잠이 들었다
새근새근 자는 모습들을 보니 죽기 싫어 전전긍긍 대다가
힘이 쇠진되어 늘어진 모양 같다

아마도 꿈속에서
나! 이제 모든 잘 못을 용서해 달라 빌었겠지
삶은 나만의 것이 아니라 가족을 위한 삶이었을 텐데
나도 말로엔 저런 과정이 닥치겠지만
구차하게 살고 싶다 애원 없이 떠나련다.

파 지

나무와 나무가 얼싸 안고 울고 있다
최 씨네 문 앞에는
나무, 아니 나무의 피(皮)가 모여 떨고 있다
최 씨의 아들은 정신지체 장애자다
서울 클럽에서 매일 쏟아져 나오는 파지
하루에도 세 번씩 손수레 가득히 싣고 와
짚 앞 공터에 차곡차곡 쌓는다
나도 나무 피로 만들어진
신문을 한 달 치씩 모아 준다
한 달에 두 번 2.5톤 트럭으로 실어낸다
그럴 때마다
손에 쥐어지는 얼마의 돈을 보며
피식 웃는 최씨 아들

잠시 후 또 손수레를 끌고 파지를 가지러 나간다.

커피

매일 아침 신문을 보며
저녁에는 컴퓨터 앞에 앉아
떠오르지 않는 시를 쓰기 위해 씨름하며
녹슬어가는 머리에 윤활유를 보충하기 위한
뜨거운 커피 한 잔

향긋한 내음새에
내 코는 킁킁대고
그럴 때마다 손은
다 식은 커피 잔으로 가지

그윽함의 깊이도 향도 모른 채
언제까지나 마냥 좋아하며
나는 매일 아침저녁으로
그대의 사랑을 받기만 한다.

중환자실

저승에 든든한 빽 이라도 있는 건가
먼저 가려고 줄지어 기다린다
한 사람이 떠나면 그 자리 비워 있을 줄 알았는데
대기자가 밀고 들어간다
기다리다 지친 사람 얼마나 바빴는지
가끔은 새치기하는 자도 있다

병실 밖, 가족 대기실
한 사람이 먼 길 떠나고
다른 한 사람이 들어오니
가족 대기실도 밀물과 썰물같이 바뀐다

한번 썰물이 되면 영영 돌아올 수 없는 길
영혼은 하늘나라로 먼저 보내고
빈 몸뚱이는 허수아비처럼 그들만의 장소로
뒤도 돌아보지 않고 훨훨 떠나간다
가족들의 무덤덤함과 슬픔의 장면이 대조적이다

하루에도 밀물과 썰물이 몇 번씩 있는
중환자실.

한 사람이 있었고 또 다른 사람이 있다

한 사람이 떠나고
그 자리엔 다른 사람이 찾아오고,
또 다른 사람이 왔다 가고 떠나기도 했지만
그 자리엔 여전히 떠날 준비를 하고 있는
나 아닌 또 다른 사람이 있다
누군가 온다는 건 떠난다는 것을 의미하고
준비된 자는 떠나고
새로 온 자는 떠날 준비를
떠난다는 것은!
누군가 다시 온다는 것을 의미한다.

낙산에서

해수관음상이
동해의 쪽빛바다 수평선 너머에서
붉게 떠오르는 태양을 맞아
불도들을 자애로운 얼굴로 맞이하며 서 있고

동해의 바닷물은 갯바위를 기어오르다 부서지고
또 기어오르다 부서져 자갈 속으로 스며들며
수런수런 불경을 외우는 듯 재잘대고
낙산사와 홍련암은
참화를 다 잊었다는 듯 한가로워 보이고
관세음보살 미소가 낙산에 가득하다.

봄날의 장충단 풍경

오월 이른 저녁 장충단 공원
빈 벤치에 노을이 앉아 있다
따스한 봄 햇살 받으며 졸고 있던 사람들
벤치에 즐비하게 앉아 있던 사람들
어디로 갔기에 비어 있을까

오랜 세월 외로움을 받아 주던 등받이는 반들반들
황혼이 짙어가는 노인들의 쓸쓸함만이 남아 있는
그 벤치에 바람이 꽃잎 하나 앉혀 놓고 간다

무거운 하루를 들고 앉아 있던
오늘 그 사람들
풍경을 꼭꼭 씹으며 허기진 배를 채운다
떨어지는 꽃잎 하나
푸르게 물들어가는 나뭇잎 바라보며
점점 빛이 발해가는 당신들의 무릎을 바라 보았을 것이다

며칠 전 그 자리에 앉아 있던 한 노인은 사라지고
벤치는 그들을 말없이 기다린다.

붕어에게 죄를 묻다

인쇄일 | 2012년 3월 10일
발행일 | 2012년 3월 10일

지은이 | 고송 전영모
펴낸곳 | 도서출판 조은
발행인 | 김화인
편집인 | 김진순
디자인 | 김진순
주소 | 서울시 중구 인현동1가 19-2 대성빌딩 303호
전화 | (02)2273-2408
팩스 | (02)2272-1391
출판등록 | 1995년 7월 5일 등록번호 제2-1999호
ISBN | 978-89-94329-21-5 (03810)
정가 | 8,000원